JN411619

오늘의문학시인선 395

달빛을 삼킬 때

김선환 시집

오늘의문학사

국립중앙도서관 출판시도서목록(CIP)

달빛을 삼킬 때 : 김선환 시집 / 지은이: 김선환. -- 대전 : 오늘의문학사, 2017
p. ; cm. -- (오늘의문학 시인선 ; 395)

ISBN 978-89-5669-831-1 03810 : ₩9000

한국 현대시[韓國現代詩]

811.7-KDC6
895.715-DDC23 CIP2017015026

달빛을 삼킬 때

■ 작가의 말

40년 세월 동안 쌓여진 깊고 깊은 삶의 무게를
뒤적거려 작은 불씨를 찾아봅니다.
용케 살려낸 불씨를 통해 보는 세상은 찬란한 경이로움과
사랑이 그득한 아름다움으로 차있습니다.
비록 다른 눈으로는 괴로움이 가득 찬 절망의 세상이라 해도 말입니다.
시를 쓰는 것은 세상을 노래하는 일입니다.
그 노래가 이미 익숙한 것이거나 아주 새로운 것일 수 있습니다.
그 어떤 것이든 듣는 이에게 위로와 행복을 주기를 기대합니다.

뒤늦게 첫 시집을 출간합니다.
미숙함을 끌어안고 또 한 번 쉽지 않은 여정을 시작합니다.

불씨를 가슴 깊이 심어주신 연로하신 부모님에게
이 시집을 바칩니다.

김 선 환

달빛을 삼킬 때

2부 처음 가는 길

3부 내 안의 낯선 별

4부 꽃 그림자

5부 무심교신

1부

세월이 익어갈 때

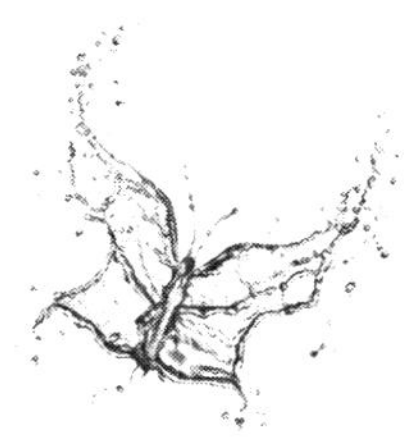

하늘 쳐다보다 생긴 상처,
바람으로 아물게 하고
땅에 사랑을 주고 꽃을 불러 모아 만든 정원

생활에 지친 일상들이 찾아와
갈라진 마음속을
꽃으로 채우고
향기로 위안을 받는다

만남

오른손이 왼손을 잡는다

허전함이야
대신 무겁지 않을 만큼
씨앗을 한 줌 쥐어보자

살아 있는 생명이 느껴지지
가슴에 담고 씨 뿌려
펴진 손으로
하늘에 물을 담아

빈들에 꽃 피어 오를 때
마음까지 벗어 두고
떠나는 거야

긴 여행
왼손이 오른손을 잡는다

달빛을 삼킬 때

한 권이라도 팔리면
생명을 내놓는 조건으로
시집 한 권을 만든다

표지를 검은 색으로 칠하고
제목은 달지 않는다
시인의 이름도 생략한다
시 해설도 싣지 않으며 표사도 없다

접안이 불가능한 어느 섬에 있는
출판사를 찾아 간다
시집은 모년 모월 어느 날
자정에 출간한다

나는 복면을 하고
현금수송관처럼 은밀하게
영혼을 서점에 진열한다

시집 속으로 들어가 시가 된다

기억

나는 그를 모르고
그도 나를 모른다

지나온 아름다운 사랑도
가슴 저린 이별의 슬픔도
그가 한 일이다

내가 깨어진 삶의 조각을 맞출 때
정원을 만들어 꽃을 피우고
새를 불러들인 것도 그다

화난 내가 그를 만나러 갈 때마다
그는 나를 빗겨나 옆에 서서
짧은 그림자를 드리우며
내 뒤로 숨어든다

사람 꽃

오래된 들판 한 모퉁이
푸른 하늘 한 조각 베어 먹고 피어 오른 꽃
세월의 풍상을 기꺼이 가슴에 품어 안고
꽃 세상을 만들어 간다

하늘 쳐다보다 생긴 상처,
바람으로 아물게 하고
땅에 사랑을 주고 꽃을 불러 모아 만든 정원

생활에 지친 일상들이 찾아와
갈라진 마음속을
꽃으로 채우고
향기로 위안을 받는다

주인은 여전히 외로운 들판에서
한 올 한 올 꿈의 씨를 골라내어
또 다른 빈 땅에 뿌리고 기다림을 키운다

소풍

가을 하늘이 닫힌 문을 열어
고단한 삶을 살던 시인의 기념관으로
들뜬 마음 배낭에 꾸려 넣고 소풍을 간다

새털 같은 구름이 따라 오고
올갱이 느긋한 굽어진 강 속에
굴욕으로 채워졌던 산봉우리 젖어든다

고난으로 바느질 되어 주름진 첩첩 산중 길
잡아당기며 길게 이어진 생명선
세월에 튕겨지며 무거운 소리가 울려 퍼진다

귀한 손님 맞으러 나온 묻혔던 백년 역사
감옥 속에서 쪽잠을 자던 시인이
어쩌다 면회 온 손님을 반갑게 맞이한다

문학전집

방에서 쫓겨나
베란다에 누워
추위에 떨고
있는 것은
나의 젊음

지식의 양식을 끼고
배부르던 시절은
어느덧 가고
허기진 오늘

세로 글의 문학이
폐지로 죽어 나가
고물상 저울에
달리는 것은
바래진 인생의 무게

너무 싼 값에
금박을 번쩍이며
큰 소리로
다시 한 번 달기를

애원하는 것은
마지막 남아있는 자존심

스미는 봄

열리는 공간 사이로
푸른 하늘이 걸어오고
세찬 바람이 뛰어 나온다

봄맞이 환영 나온
메타세콰이어
놀란 마음에
늘어섰던 도열이
어지럽게 흔들리고
매달려 있는 만국 깃발들이
찢겨지며 아우성들이다

건물 위의 십자가
숨어 있는 목련을 향해
축복 기도를 한다

버리고 사는 일은

입체의 공간을 벗어나
면의 세계로 들어간다

압착을 통한 욕심의 제거
밀고 밀리는 무한의 작업

오랜 시간이 지난 후
하나의 선으로 존재하는
마지막 생명선

오래된 직업

아이들 하나 보이지 않은
오후 아파트 단지
늘어진 고양이 눈에 무료함이 감긴다
칼갈이 노인의 외치는 소리가
시간을 베어내며 지나간다

침묵하는 냉장고 같은 문들
장탄식이 창밖으로 스며 나오고
슬며시 눈감는 커튼

해가 건물 사이에서 빠져 나갈 무렵
구부정한 노파의 은퇴한 칼이
황급히 광장에 도착한다

칼 가는 소리는 허연 눈으로
사방을 번득이다
아쉬운 듯 하늘로 올라간다
노인이 외치는 소리는 아직도
단지 안에서 맴돈다

메아리

살아 있는 외침
인간적인 속도를 가진
이야기꾼

억제된 마음으로
빛의 속도를 탐하지 않는
떨림의 미학자

산과 골짜기에서
다정다감한 울림
심장박동과 협연하는 연주가

임진강 장어

임진강 강가에서
방금 전 까지 헤엄치던 내가
불 위에 오른다

내 속을 다 드러 내놓고
석쇠에 누워
낚시에 걸리던 일을 생각한다

칼에 베인 자국 속으로
뜨거운 불길이 나를
사정없이 찌르고
몸은 점점 움츠러든다

푸른 불꽃은
철망 너머로 타오르고
유혹을 참지 못했던
살점이 지글거리며 타 오른다

지나온 시간이 불꽃사이로
보이며 강에 남겨진
기억들이 흐려진다

찢어진 깃발

나의 찢어진 속성으로
날고 싶은 것이
살아가는 방식이다

나의 자유로움 그 자체는
원형을 유지하려는
아집에 대한
도전이며 반항이다

찢어짐으로 날릴 수 있는 것

오늘도 찢어진 사이로
바람을 통과시키고
가볍게 떠올라
나의 존재를 세운다

도시의 사냥꾼

폐쇄 된지 오랜 사냥터
도심 한 복판으로
해진 정장을 차려 입고
무거운 가방을 든 남자들이
사방에서 모여든다

짐승도 제 살 길 찾아
떠나 버린 빈 땅
절망의 돌도끼 하나
가방에서 꺼내들고
사방을 두리번거린다

길거리 카페에는
여인들이 모여 앉아
카푸치노의 향을 맡으며
오래전 영주가 떠난
유럽의 사냥터
여행계획을 세운다

세월이 익어갈 때

그가 왔습니다
얼굴에 그림을 그리기 시작합니다
양미간에 주름을 그려 짙은 인상을 만듭니다

눈꺼풀과 눈꼬리는 약간 내려놓아
친숙한 이미지를 연출 합니다
입가에는 미소를 중첩시켜
부드러움을 강조합니다

시간으로 기초 화장된 얼굴에
비바람이 지나간 흔적을 만들고
아픈 상처가 가라앉은
깊은 연못을 파놓습니다

모든 것을 마치고 홀연히 떠나가는 그
행복이 가득한 그녀의 얼굴은
하늘 저 먼 곳 별빛으로 빛납니다

해운대의 밤

별빛 내려와 고층건물을 밝히고
오래전 약속한 파도를 기다린다
해변에 도착한 파도는
반가움에 오색 빛 너울춤을 춘다

한낮의 정적이 소란함으로 바뀌고
사랑 이야기가 피어오른다
밤이 무르익어 가자 수다를 떨던
별빛이 다가와 달콤한 말로 유혹 한다

너도 한 번 후회 없는 사랑을 하면
여기서 살 수 있다고 속삭인다
파도는 밤새 지나간 여인을
그리워하며 해변을 어루만진다

새벽 아침 해가 서둘러 떠오르자
어쩔 수 없는 아쉬움을 가슴에 안고
파도는 마지못해 해 그림자를 따라
끌려가듯 먼 바다로 미끄러져 나간다

2부

처음 가는 길

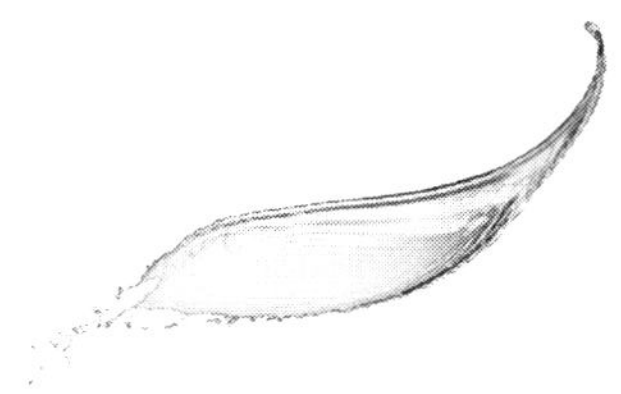

네가 올 줄 알았으면
손님 맞을 준비나 해둘걸
이렇게 불쑥 찾아오니
대접할 것이 없다

중절모에 낡은 외투
세월을 쫓아다닌 얼굴이
더욱 반쪽이 되어간다

상사화

붉은 빛 날개
투명한 그림자로 남은
그녀를 바라봅니다

솟아오르는 분수
퍼져 나가는 그녀의 기운이
나의 몸을 타고 돌아다닙니다

내속에
그녀가 살고 있다는 것
멀고 먼 우주 공간을
가로질러 소통하고
지구에 존재한 바람 틈새를
메우고 있습니다

나는 그녀를 만나
우주를 조곤조곤
수놓고 있습니다

귤 향기가 나를 부를 때

초겨울 귤 밭을
온통 노란 색으로 물들이는 일은
비와 바람에 고개 숙이고
가을 햇빛 한 조각 흘림 없이
쓸어 모아야 가능하다

몰려오는 피로
해갈이로 정신을 붙잡지만
다산의 천성이
무리하기 일쑤다

그녀가 노란 귤 대신
겨울바람을 매달고
몸져누울 때
위로의 한 마디는
오월에 흰 귤꽃을
가득 피우게 된다

아무도 모르게
꽃피우고 해 그늘 아래서
혼자 미소 짓지만

그녀 속으로 들어가면
은밀한 귤 향기로
나를 감싸 안는다

봄의 축제

당신이 내게로 다가와
그리움을 이야기하면
나는 푸른 들이 됩니다

당신이 내게로 다가와
내 귀에 속삭이면
나는 한줄기 산들바람이 됩니다

당신이 내게 다가와
꿈을 이야기 하면
나는 빛나는 아지랑이로 피어오릅니다

당신이 내게로 다가와
나에 대한 사랑이 있다고 말하면
나는 노래하는 시인이 됩니다.

양면

내면이 멋대로 하는 것을
더 이상 볼 수 없어
외면은 내면과 마주 앉아 담판을 짓는다

내면을 만날 때마다
쳐다보는 외면의 얼굴은
불편하고 어색하다

외면은 자신을 의식하고 살라고
요구하나 내면의 본능은
멋대로 살겠다고 버틴다

하루해가 내면과 외면 사이를
긋고 지나가면서 오늘의 담판은
말싸움으로 끝났다

내일은 반드시 결론을 낼 것을
다짐하며 독한 술 한 병으로
두 면은 서로 임시 접합한다

꽃 잔치

산이 머리를 커트 한다
비가 내려 머리를 감기고
바람으로 드라이를 한다
가지런하고 말쑥한 머리 위에
노을이 뿌려진다

오월마다 찾아오는 사람들을 위해
철쭉 연산홍 목련 등으로 치장하고
연푸른색에 붉은 줄이 간
체크무늬 숲으로 배경을 만든다

일년에 한 번 잔치 준비가 오래 걸린다
산들도 매년 경쟁해야 하는 세상
그래도 사람들이 찾아오는 일은
자신을 내어 줄 수 있는
산에게 주어진 특권이다

모정

어쩌다 떠난 여행
걱정이 끝없이 철로에 깔리고
차창 밖 따라오는 아기 얼굴

떨어진지 얼마 안 되는 시간
무한 공간속을 달리는 휴대폰에서
아기가 아장거리며 나와
가슴에 안긴다

투명한 눈
반달 눈 꼬리
촉촉이 젖은 그리움이
빨려 들어간다

사랑으로 채워지는 시간
연결되는 생명의 흐름
삼백만년 지속된 숙명

손님

네가 올 줄 알았으면
손님 맞을 준비나 해둘걸
이렇게 불쑥 찾아오니
대접할 것이 없다

중절모에 낡은 외투
세월을 쫓아다닌 얼굴이
더욱 반쪽이 되어간다

아침 마다
말을 걸어오는
거울 속에 비친
한 사내

빈 벽

형광등이 눈을 꺼벅거리고
방의 벽이 의식이 돌아 올 때
벽을 타고 내려오는 웅얼거림이
방을 가득 채운다

몇 일전 떠나 버린 여인의 빈 방
벽 사이에 존재하는 불가침의 선을 넘어
그녀의 독백이 들려온다

새가 되어 날고 싶다는 말이
공간속을 배회하며
벽은 경계를 허문다

빛과 빛 사이

저녁 붉은 햇빛이
창을 넘어
비스듬히 들어오고
외로움이 따라 온다

아무도 없는 정적
쓸쓸함을 묶은 빛다발
지는 해의 마지막 눈물

외로움을 피해
빛과 빛 사이의 공간
입구를 더듬어
깊숙이 들어 간다

겨우 누울 수 있는
아늑한 보금자리
옛 기억의 공간
한 사람의 우주

마지막 빛이
어둠에 흔들리면

흐린 빛 속에서 몸을 빼어
현실의 짐을 챙긴다

산 그림자

매서운 한 겨울 오후
산 너머 도시가 다가와
내 앞에 앉는다

계족산 식장산 장태산
구봉산 계룡산들이
따라와 선다

산과 도시는
따로 있는 줄 알았는데

오늘은 어쩐 일로
다들 찾아와
내 앞에 있는가

시간의 안경을 벗어
미움을 싸서 버리니
그 산들이 내 마음에 있다

새들의 마지막 여행

대전역 하행선 탑승구
도시를 떠나는
새들이 열차를 기다린다

거미줄처럼 깔리는 전파
방향 감각을 상실하고
날 수 없는 절망 끝에
저 멀리 떠나는 기차를 바라본다

이번 기차는 네 차례가 아니다
다음 무궁화 기차를 타고
각계역에서 내려야 한다

나직한 목소리가
챙이 큰 모자를 쓴 노인의
그림자로부터 흘러나온다

화들짝 놀란 새들이
선 밖으로 물러나고
어디서 들었는지
모여든 새떼들이
노란 선에 가득하다

원룸 304

해에게 들킬까 조심하며 나온 새벽 어둠길
하루 종일 계곡 사이를 뒤집고 털어내 보아도
성과 없는 배고픔만 밀려온다

마지막 지는 붉은 기운이 어깨를 내려 누를때
힘에 겨워 구부정한 자세로
울렁거리는 땅을 딛고
한 걸음씩 떼어 돌아간다

불을 켜도 어두운 방
그나마 희미한 그림자를 붙잡고
한 구석에 둘둘 말아 세워둔
기다림을 바닥에 펼쳐 놓는다

생각이 누워서 뒤척이는 밤
마른 공기에 습한 눈물이 스며 나와
가슴속으로 흘러든다

처음 가는 길

지나는 것은 무관 할 뿐
하늘의 인연은 없다
그저 스쳐가는 인사들

느지막한 인생에 단 한 번
언뜻 지나가는 그림자
원시 감정이 따라가 말을 붙인다

말 없는 여인 새침한 얼굴
작업이 쉽지 않음을 짐작한다
꿈속 까지 따라가 기회를 엿보다
여인이 틈을 준 사이
슬며시 껴안아 버린다

저항이 있는 것인지
알 수 없는 몸 짓
꽃향기가 가슴을 적시며
시의 형상이 나타나기 시작한다

마지막 포효

늙은 사자 한 마리
뛰어 다니던 광활한 들판을
지긋이 응시 한다

한 떼의 사자 무리들
얼룩말을 잡기 위한
몰이를 시작한다

무리에서 떠나 온 지 오래
사냥은커녕 드러누울
그늘조차 없다

내달리는 꿈을 꾸다가
하늘을 향해
마지막 포효를 시작한다

티비를 보던 웅크린 사내의
울음소리가 공명을 일으키며
들판 속으로 퍼져 나간다

코르크판

내가 살아가는 방법은 유연함이다

무르다고 수없이 찔러대는
바늘의 아픔에도
굳건히 버티어 낸다

나의 장수 비결은
찔리는 순간 세포를 열어
핀을 포집해 버리는 것이다
남들이 생각하기보다
아픔은 없다
그렇다고 표시할 뿐

나는 보기보다 강한
외유내강한 성격이다

3부

내 안의 낯선 별

그대 생각에
나는 오늘도 행복합니다

그대의 아름다운 얼굴을
그릴 수 있기에
하루 종일 더 없이 행복합니다

달빛으로 길을 찾아

카톡방 만이 소란스러운 늦은 밤
시를 읽다가 잠이 든다
달빛으로 길을 찾아 시집을 방문 한다

젊은이들 떠난 개점휴업 시골 가게
어쩌다 지나는 이도 감사 한데
직접 찾아오니 평생 은인이다

기다림에 지친 제목들이
명함을 들고 반갑게 인사 한다
달빛에 창백한 얼굴이 반쪽이 된다

가는 방마다 제 자랑에 자신 없는 충고까지
식은땀을 흘리며 눈치 보다 하소연을 쏟아낸다
떨리는 몸짓의 소리가 땅에 붙는다

붙잡는 이들을 뿌리치고
안개 속에 돌아온 새벽 아침
머리말 펼쳐진 시집
밤새 흘린 눈물이 홍건하다

꽃 주례

겨울이 끝나자 입장하는 신랑
우유 빛 흰 옷으로 갈아입고
신부가 오는 것을 기다린다
오늘을 위하여 추위를 막아 주던
딱딱한 비늘털을 떼어버린 목련

천천히 오고 있는 신부
다가올수록 뽀얗게 화장한
벚꽃의 분홍빛 얼굴이 짙게 물들어 간다

벚나무는 감기 기운에
다리가 후들 거린다
오랜 세월 탓이라 생각하고
딸 결혼에 짐을 덜어 낸다

아침부터 분주한 주례선생
새벽 산에 올라 봉우리를 눈부시게
깨우고 돌아오는 길

거리를 유지하여
서로 바람이 통하게 하고

그늘을 만들지 말라는 말씀*

철쭉은 벌써 얼큰하게
취한 얼굴로 여기저기 돌아다니고
향기를 꼭꼭 숨긴 새침한 홍매화는
남몰래 시집 갈 날을 손꼽아본다

* 칼릴지브란의 "예언자" 중 요약, 인용.

비알에 서다

백록담 넘친 물이 쉬지도 못하고
바다로 속절없이 빠져 드는 곳
구름도 미끄럼 타는 서귀포

한라산과 새섬에 종이 끈 매어놓고
붓 하나로 줄을 타는 한 사람
중도의 그림 속에 구도자 살고 있다

동백, 매화, 연꽃, 귤나무 그득한
꽃 천지
개, 닭, 여인, 자동차,
돌부처들이 같이 산다

꽃이 세상을 덮은 그림 집은
누구라도 원하는 형상으로 살 수 있는 곳
사람, 개, 물고기 모두가 신선이 되어 간다

안개가 쏟아져 내려오는 저녁
사랑과 미움의 시소를 타다가

뒤틀린 목이 되어 버린 흰 사슴 하나
오랜 결정 끝에 그림 집 문을 두드리며 서 있다

* 중도: 평상심을 유지하고 고통에서 벗어나기를 원하는 마음, 이 왈종 화백의 명제

내 안의 낯선 별

길 잃은 고양이 창밖으로 숨죽이고
지켜보는 썰렁한 부둣가
오래 머물던 인적 없는 검은 배 하나
불 꺼진 등대에게 출항 신고를 하고
도시의 항구를 빠져 나간다

희미한 뱃머리 등불만이 노 저어 나가고
가늘게 늘어지는 빛이 흔들리며
바다의 심연 속으로 잠겨 들어간다

오늘은 별 빛 따라
은하수를 건너가는 장거리 여행
최후의 보고서 한 장
다시 돌아올 복편은 없다

떠나는 아쉬움에 마저 털지 못한 정을
잡아당기는 항구의 붉은 유혹이
뱃전을 잠깐씩 스쳐 지나간다

스치는 빛 사이로 꽃이 피어나고
보라색 안개비가 내린다

꽃이 만발하여 산을 이룬 꽃배

만선으로 비워지는 공간
별빛으로 가득 차며
배는 은하의 공간을 가로 지른다

남상(濫觴)의 여행

거대한 그림자가 쫓아온다
도망가는 길 반걸음 앞서 그림자가 선행 한다
머리가 쭈뼛하고 본능이 그림자 보다 앞선다

엎친데 덮쳐 거꾸러진다
의무감으로 뾰족해진 시간이 창끝으로 찔러 댄다
뒤 돌아 볼 틈도 없이 그림자를 따라 간다

흘러내리는 질주 별빛도 도와주지 않는 고독
익지 않은 푸른 꿈이 물에 빠져 허우적대며
망연자실한 표정으로 스쳐간다

아득한 낭떠러지 폭포
심연 속으로 추락하여 솟구쳐 올라도 제자리
반복되는 상처에 굳은살이 박힌다
아픈 것은 사치, 아슬아슬한 게임을 멈출 수 없다

느려진 추격 속 바다로 흘러들기 직전
순간의 틈새로 보이는 선수가 된 남자의 일생
단 한 번의 시합은 길고 긴 쫓김이다

* 남상(濫觴) : 사물의 처음, 시작

꽃샘추위

겨울은 아쉬움이 남아
차마 떠나지 못합니다
온 세상을
눈으로 덮어 버리고
매서운 바람으로
날려 보내고도
이별에 대한 걱정이
많은 모양 입니다

이제는
떠나가야 하는 길
그리움을 뒤로 하고
마지막 하얀 눈꽃을 날리며
봄의 시간 속으로
몸을 추슬러 들어갑니다

떠날 때를 아는 것은

파도가 몰려와 안부를 묻고
구름도 백록담에 걸려 나부끼고 싶은
수 백 만년 시간 속에 잠자던 신비의 섬

오랜 정적이 퇴적되어 침묵으로 굳어진 길에
소란스럽게 떠들며 몰려드는 사람들
욕망도 같이 와서 오름 속으로 숨어든다

올레길 따라 가며 거품들이 뭉쳐 구르고
애드벌룬으로 떠오른다
해안의 파도가 인사하는 것도 안중에 없다

잘린 산허리에 불쑥 뿌리박고
자라기 시작한 탐욕이
탐라왕국 천년을 바다 속으로 가라앉힌다

해안의 풍광이 가림막 처지고
속닥거리는 음모가 퍼져나간다
다가오다 멈춘 파도는 저 멀리서 서성거린다

말없이 서있는 섬이 산이고
산이 섬인 일체 하나의 땅
섬과 산이 분리되기 시작한다

지긋이 억누른 섬의 분노가
혹독한 눈 내리고 바람을 일으켜
범접할 수 없음을 알려 주지만
소용없는 일

관상동맥 우회술

사십 년 세월을 우회시키는 일은
생사를 건 고난도 수술 인생설계의 재건축공사
멀쩡한 허벅지에서 떼어낸 싱싱한 혈관
오래된 관습을 잘라 내고 생명줄을 연결한다

포장된 길을 따라 시가 흘러들어 가고
노화되어 갈라 터진 마음이 다시 젊어진다
욕망이 굳어져 흐름이 멈추는 일 없도록
푸릇푸릇한 시어를 골라 먹고 살아있는 피를 만든다

피가 돌아 가슴을 뛰게 하고
응축되는 시를 토해 내는 것이
환생한 중환자가 사는 방식
밝아진 눈을 들어 구겨진 종이 짝 세상을
떠나는 그날까지 다리미질 해본다

날파리증

눈 속에 작은 우주 은하수가 있다
우주의 빅뱅을 보는 것은
즐거운 일이다

순간,
눈이 무한 광원의 빛으로 휩싸이고
뜨거움이 지나 간 후
새롭게 보여 지는 사물들
유영하는 것은 사랑의 원형들이다

삶의 기억이
좌측에서 우측으로
아래에서 위로 유영하며
시공을 초월 한다

티 없이 맑은 세상을 보는 것은
나를 우주 밖으로
내려놓는 일

해운대 해변

커다란 원형 반달 해안
파도가 모래를 밀고
소나무 숲을 찾아온다

먼 곳에서 부지런히
달려 왔지만 모래를 부릴
언덕은 간데없다

숲은 도시에 밀려
흔적 없이 사라지고
도로가 된 해안 모래 밭

황량한 바람만 부는
텅 빈 시멘트 공원 안에
소나무 몇 그루 갇혀있다

가슴 뛰는 기대감으로
달려 온 마음이 허탈감에
흰 포말로 솟구친다

파도는 해안 가득
눈물을 뿌리고
모래를 끌어내려
먼 바다로 돌아간다.

흔들리는 손짓

밤나무 우듬지
돌돌말린 낙엽 하나
몸을 웅크린 채
떨고 있다

푸른 옷 입고 와서
생명을 만들어 놓고
아쉬움이 남아
바다를 향해 손짓 한다

아직도 밤나무 밑에는
지난 가을의 흔적이
입을 벌린 채 오래된
속살을 드러내고 있는데,

울돌목을 돌아 온 바람이
이제 가야 한다고
나무 가지를 세차게
흔든다

옆집 한가한 소나무
봄이 무르익어 꽃 필 때는
인사도 없이 사라져 버리니
아직 때가 아니라한다

노지 감귤

나는 제멋대로 크는 것 같지만
자연의 교육으로 충분하게
크는 모범생이다

누가 나를 붙들어 매어두거나
강제로 비닐교실에 앉혀 놓을 수 없고
건강을 해치는 약도 먹지 않는다

나는 해를 향해 치솟아
햇빛을 즐기며
향기로운 꽃 잔치를 하는
여유로운 삶을 산다

가물어 목이 말라도
저장해둔 물로 버티며
비 올 때를 기다린다
몸이 피부병으로 가려워도
풍욕으로 자연 치유한다

기다림 끝에 오는 수확기에
단맛으로 가득 찬 황금빛 열매를

주렁주렁 매달고 늘어진 나를 보며
스스로 행복해 한다

오늘 우리 결혼합니다

서로에 대한 사랑이 커져
따뜻한 마음으로 소통하고
떨어져 있기 아쉬워
오늘 우리 결혼합니다

사랑 한다는 것은
내 마음 가득 사랑이 차 있을 뿐
소유 하거나 요구할 수 없음을 알기에
그대에 대한 나의 사랑
너무 소중 합니다
마음 가득 사랑이 넘치면
나는 더 행복해집니다

행복하다는 것은
주거나 받는 것이 아니고
마음속에서 만들고 간직하는 것을 알기에
그대에 대한 나의 사랑
너무 간절합니다

행복은 나의 마음임을 알기에
그대 또한 행복 하면

나는 더 행복해집니다

오늘 우리 두 사람
가슴속에 넘쳐흐르는 사랑으로
모두 더 행복하기를 기원합니다

어려움이 닥치더라도
오늘 이 마음 행복임을 알기에
우리 사랑 지켜 나갈 수 있습니다

오늘의 고백
사랑으로 사시사철
행복의 꽃을 피울 것입니다

그대

하늘과 바다의 지평선
그 사이에 존재하는 명쾌함
완만한 곡선의 끝단
시간도 흘러내리고
외로움이 맞닿는 종착역

그리움에 기울어진
파도가 몰려가고
노을이 내려 앉아 고이는 곳
타오르는 붉은 빛이
끝없이 가라앉는 심연

사랑은 저 멀리
지평선에서 시작하여
커피 한 잔으로 다가온다

꽃 사랑

그대 생각에
나는 오늘도 행복합니다

그대의 아름다운 얼굴을
그릴 수 있기에
하루 종일 더 없이 행복합니다

바람에 흔들리는
그대의 나직한 목소리
귓가에서 맴돌면서
속삭이는 것을 알기에
오늘 더 행복합니다

그대를 사랑하는 마음
항상 내게 차 있기에

그대가 떠나는 날도
행복한 기억을
가슴속에 간직하며
그리움으로
행복할 수 있습니다

4부

꽃 그림자

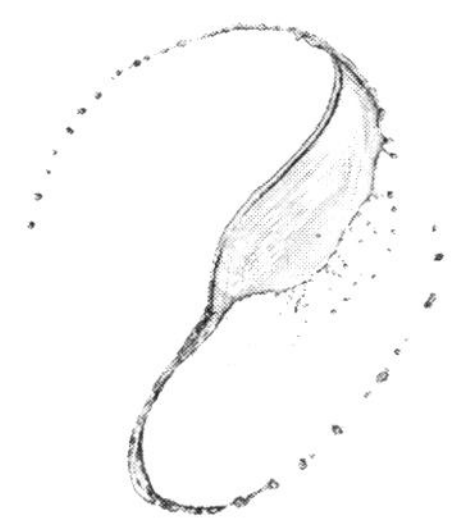

나의 우물이 깊어진다고
걱정하지 마세요
이 깊은 우물은
당신이 채우는 것이 아닙니다
그저 내 마음속에 생겨나
깊어지는 것입니다

나 떠나거든

여행은 떠남의 또 다른 말
언제나 떠날 준비를 해야지
준비라 할 것이 있겠나
그냥 떠나면 될 것을

그래도 남겨진 미련에
걱정이 앞선다면
미리 버리고 정리하여
마음의 무게를 가볍게 하세

이제 제 몸이 무거우면
스스로 감당이 안 되는 법
다시는 날 수 없음을 대비하여
모든 것을 버려 버리세

나 떠나거든
저 무서운 한 겨울이
나를 불쌍하게 보아
먼 나라로 여행 보냈음을

여름 한 낮

신작로 길을 따라
작은 소년하나
송사리 잡으러
동네 개울로 향한다

뜨거운 여름 태양이
넓은 황토 길을 달구고
어쩌다 지나는 버스는
황토 빛 안개비를 내린다

미루나무 길게 그림자를 늘이고
매미의 울음소리는
한 낮의 오후를 잠들게 한다

소년이 지나간 텅 빈 신작로
동네 개들과 그림자들이
함께 따라 가고 있다

아낌없이 주는 나무

나도 이제
그런 나무가 되고 싶다

내 가슴속 가득 찬
그리움을 나누어 주고
못다한 많은 말들을
남김없이 다 주고 싶다

사랑이 모자란 이에게
사랑을 자라게 해주고
외로운 사람의 이야기를
함께 나누고 싶다

가슴 아픈 이에게
나의 가슴을 빌려주고
이별을 한 사람에게
만남을 주고 싶다

그 모든 사람에게
아낌없이 나누어 주고
저 벌판에 홀로 선
한 그루의 나무이고 싶다

사랑한다는 것은

당신이 내게로 다가오면
내 가슴은 당신에 대한
사랑으로 차오릅니다

저 깊고 깊은 우물 속 같이
내 가슴에 우물이 생겨
점점 깊어지고 커집니다

깊이를 알 수 없는 심연속이
당신에 대한 사랑으로 채워진다면
나는 행복합니다

나의 우물이 깊어진다고
걱정하지 마세요
이 깊은 우물은
당신이 채우는 것이 아닙니다
그저 내 마음속에 생겨나
깊어지는 것입니다

사랑은 주어야 할 것도
갚아야 할 것도 아닌

스스로 자라 나는 것

나에게 생겨서
내가 행복해질 수 있는
나의 사랑입니다

그래서 당신을 내 마음껏
사랑할 수 있습니다

봄의 노래

밖에서 부르는 소리
기다리던 임인가
문을 열어 보니
열기만 그득하다

흔적 따라 가는 길
수명 다한 생명을 제치고
솜털 같은 새싹들이
솟구치는 안간힘의 소리가
온 천지에 부산스럽다

언덕에 오를수록
소리는 공명으로 커지고
푸른빛은 두꺼워져간다

기다리던 임의 소리
바람결에 들려오는
생명 탄생의 합창소리가
봄 하늘에
울려 퍼진다

비상

숲속의 작은 산새 한 마리
이른 새벽 산 이슬을 머금고
언덕 위 감나무 가지에 올라
꿈에 그리는 저 건너 세상을 바라본다

언덕 너머 솟아오르는 붉은 해는
서서히 바다 끝을 잡아 오르고
차갑고 푸른 봄 바다는
해 그림자를 뭍으로 밀어낸다

생전 처음 보는 광경에
전율을 느끼는 산새
나무 가지 위에 얼어붙어
움직일 줄 모른다

중천 해가 붉은 빛살로
감나무 가지를 태우면
산새는 황금빛으로 살아나
푸른 하늘로 비상한다

무궁화 꽃이 피었습니다

내가 눈을 감고
무궁화 꽃을 외치면
당신은 다가와 내 앞에 서 있습니다

내가 눈을 뜨면
당신은 그 자리에서
파란 하늘 흘러가는 구름이 됩니다

내가 당신을 볼 때는
당신은 부끄러워
차마 다가오지 못합니다

그러나 눈을 감고 있으면
내게 다가옴을
더 잘 볼 수 있다는 것을
당신은 모릅니다

이제 망설이지 말고 다가오세요
당신의 마음속에 한 송이 꽃이
피고 있음을 보았으니까요

보이지 않는 사랑

그대의 사랑을 볼 수가 없는 것은
사랑이 작아서가 아니라
너무 커서 볼 수가 없기 때문입니다

그대의 사랑은 저 하늘에
떠 있는 태양처럼 보려고 하면
눈이 부셔 볼 수가 없습니다

그대의 사랑을 볼 수 없다 하더라도
사랑이 사라졌다고
감히 이야기 할 수 없습니다

그대의 사랑은 잘게 부수어진 햇살로
내 마음에 들어와
뜨거움으로 가득 차 있습니다

그러나 그대의 사랑이
아무리 눈부시더라도
한번은 꼭 보고 싶습니다

꿈

새로 가져온
화분속의 철쭉
하얀 꽃 분홍 꽃으로
활짝 웃고 있더니
오늘은 어쩐 일로
풀 죽어 있다

비닐하우스에서 태어나
처음 나와 본 세상
갑자기 낯설고
무서워지는 모양이다

물통 속 화분 째
들어 앉아
고향 생각에
비 오듯 땀을 흘린다

살며시 번쳐 잡은
물통 밖으로
얼굴을 내밀고
땅으로 돌아 갈 날을 꿈꾼다

늦은 후회

봄이 있었습니다.
마음을 따듯이
적셔 주던
훈풍의 날도
있었습니다

작열하던 태양이
마음을 녹여 내던
한 여름의 그런 날도
있었습니다

온갖 색으로
산천을 뒤덮는
수채화를 그리던 날도
그것을 아쉬움으로
날리던 시절도

이제 모든 것들은 가고
찬바람 부는 저녁

꽃 그림자

당신은 꽃 인가요
들판에 활짝 피어
내 마음속 사랑을 가득 채우는
그 붉디붉은 꽃인가요

아닙니다
난 형태가 있는 존재
그냥 햇빛아래 종일 서 있습니다
그림자가 꽃 같이 보이나요

당신은 꽃인가요
내 가슴 갈라놓고
이파리 시들어 늘어진 채로
떠나버린 그 꽃 맞나요

아닙니다
난 작년에 제초제에 누렇게
죽어버린 무생물이죠
영혼이 빠져나가 멍하니 서있는
그런 존재

꽃이라 생각해 본 적은 없어요
상상할 수 없는 오랜 존재를
당신들이 그렇게 부를 뿐
우린 당신들을 무어라 칭하지 않아요

당신들은
지나는 바람이거나
쿵쿵거리는 천둥이거나
그냥 지나가는
없어도 되는

물의 축제

비 소리 사이로
봄이 투명한 몸짓으로
걸어서 옵니다
꽁꽁 싸둔 외로움이
눈에서 녹아 내려
흘러갑니다

촉촉한 비는 얼어버린
그리움의 타래를 풀어 안고
길고 긴 흐름이 되어
강을 만들어 나갑니다

물 섶 양쪽 사이로
잠을 자고 있던 생명들이
깨어나 갈증을 해소합니다
연두 빛 싹들이 심호흡을 하며
하늘을 향해 솟아오르기 시작합니다

물이 가득 차오르는 대지는
축제의 노래가 울림으로
퍼져나가 소식을 전합니다

안개비 내리는 푸른 숲은
사랑의 꽃이 뿌리 내립니다

사랑의 문법

여보세요
우리 사랑 한 번 할래요
무슨 말씀이신지요
사랑에 동사가 있나요
움직임이 없잖아요
혹시 밤이 길어지는 그런 것
아니죠
그런 것을
사랑이라
말하지는 않아요

그럼 명사는
무슨 의미지요
물건인가요
주거나 받거나 하는
명품 같은 것들
한 번 시작 하면
고리채 같이 끝없는
의무감으로 가득 찬

그것도 아니라면 형용사
아마도 꽃 같이 아름다운
고결한 희생적인
봉 잡는 손해 보는
미워하는 아쉬워하는

.

.

.

그냥 물이 아닐까요
구름이 되거나
이슬이 되거나
안개 이거나
끓어오르다 사라지는
그리고 다시 채워지기를 기다리는

어쩌면 영원히 지구를 벗어나지
못하는 심장의 울림인지도

겨울, 이제 떠나려합니다

눈 덮인 강원도 눈꽃 열차이거나
바닷가를 달리는 동해 열차도 좋습니다.

하얀 눈빛을 받으며 열차는 떠납니다.
하염없이 내다보는 창밖
느껴 본 적 없는 차디찬 설경이
어두운 마음속 뜨거운 눈꽃으로 들어옵니다.

하얀 포말을 일으키며
푸른 바다 위를 미끄러지는 파도
내 마음 분노를 식히며
저 멀리 밀려납니다.

떠나는 마음은 비워지기에
눈꽃으로 가득 차고
하얀 파도로 채워집니다.

꽃 사과

봄 늦게 피는 것이 미안해서
진분홍빛 얼굴을 하고
고개 숙이고 있다가

바람이 한 번 지나가면
그 핑계로 살짝 고개를 들고
그리운 하늘을 향해 웃어 본다

하얗게 웃는 얼굴의 목덜미는
사랑하는 임을 생각하는 처녀처럼
부끄러워 붉게 물들고 있다

5부

무심교신

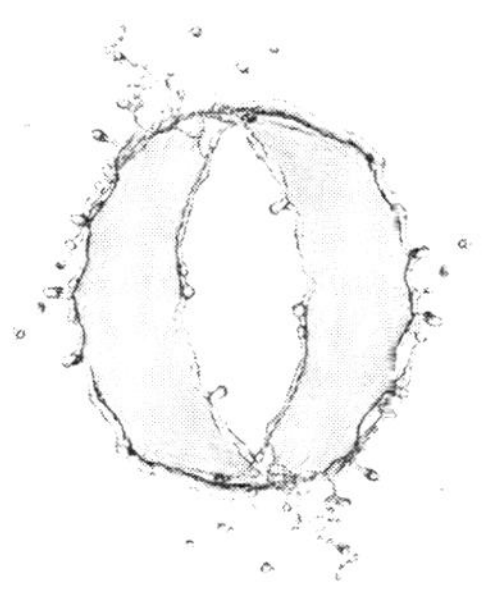

당신 몸의 7할이 물이라고요
네 알아요 나머지도 물로 채우고 싶은 것이죠
마음도 골격도 피부도 물로 이루어진
순수한 물의 형상으로 살고 싶어요
그리고 몸에 물의 날개를 달고 날아오르고 싶어요
저 큰 세상을 내려다보며 구름으로 흘러가고자 하는
숨은 욕망이 있는 것이죠

수소가 행복을 느낄 때

저 멀리 외로운 수소 원소 하나
태초에 만들어져 허공 속에서 떠다닌다
또 하나의 외로운 수소 원소 하나
서서히 접근을 시도한다
아직까지 그들은 무관하다
어쩌면 스쳐 지나갈지 모른다
덩치 큰 원자가 아닌 것이 다행이다
큰 것이 가까이 오면 작은 수소원자는 벗어 날 수 없다

다행히 접근하는 둘은 마음이 맞아 사랑이 싹트기 시작한다
서서히 손을 잡는다
엔돌핀이 돌기 시작한다
뭐라고 표현 할 수 없는 안도감에 그들은
안정되어 아름다운 분자의 형태로 존재한다
그들의 욕망이 커져 상대방의 안으로 다가오는 순간
서로 급격한 불안감으로 밀어내다
튕겨져서 원래의 상태로 돌아가 버린다

서로의 위치를 유지하는 것
행복은 적절한 거리에서 각기 생겨난다
존재하는 모든 것의 사랑하는 법은
우주 탄생과 더불어 원형으로 존재한다

물의 꽃

물이 되고 싶어요
흘러가는 시냇물도 좋고
저녁 무렵 산 그림자를 담아 버리고
지는 노을에 반짝이는 강물도 좋아요
육지를 꼼짝 못하게 밀려왔다 밀려가는
속절없는 파도가 되는 것도 좋아요

당신 몸의 7할이 물이라고요
네 알아요 나머지도 물로 채우고 싶은 것이죠
마음도 골격도 피부도 물로 이루어진
순수한 물의 형상으로 살고 싶어요
물의 날개를 달고 날아오르고 싶어요
저 큰 세상을 내려다보며 구름으로 흘러가고자 하는
숨은 욕망이 있는 것이죠

잠든 산을 넘고 어둠의 바다를 건너
지구를 수 없이 돌고 돈 후
긴 여행을 끝내고 나면
비가 되어 세상을 덮으며
다시 물로 돌아갑니다

땅속 깊숙이 흘러들어가
미세한 공간을 비집고 들어온
뿌리를 타고 다시 올라갑니다
오르다 막다른 곳에 이르면
해가 비치는 하늘 속에서
바람에 흔들리며
활짝 웃는 꽃으로 피어납니다

물의 꽃은 온 천지 사방에
타는 불꽃으로 번져 나갑니다

존재를 찾아서

저 깊은 세계로 떠나 보자
눈을 무한대의 초점으로 작게 하자
결합의 세계를 지나 원소의 세계로
갈수록 비어가는 공간

전자가 떠돌아다닌다
아주 멀리 어쩌다 핵이 보인다
텅 비어 버린 공간
한참을 지나도 볼 수 있는 것은 아무것도 없다
공간이 사라지고 무한이 시작된다

저 넓은 세계로 가자
동공을 무한대로 확대하면 보이기 시작한다
점점이 멀어지는 지구를 지나 태양이 스쳐 지나간다
은하의 강을 지나 또 다른 우주가 만들어지는
소란스런 성단이 멀어진다

별들로 가득 찬 공간은 점점이 작아지고
대우주의 양 끝단이 보인다
한눈에 들어오는 물질의 집합
부재의 양 끝을 잡고 거대한 존재를 돌린다

하늘 담쟁이

한 없이 무거워져 가던 몸이
가벼워지고 있어요
암 덩어리가 커지면 몸무게가 준다더니
설마 그것은 아니겠죠

어느 날 다리가 땅에 가까이 붙어버려서
땅으로 붙어 기다가 허공에서 벽을 보았어요
그래서 벽을 타고 치솟아 오르기 시작했어요
그 높은 하늘이 낮아지고 있어요

조금만 더 있으면 구름이 머리를 덮겠어요
이것이 무슨 조화인가요
오르다 보니 끝이 없네요
언제 까지 올라가야 하는지 모르겠어요

내 다리가 안 보일 때까지
벽이 끝날 때까지
그래서 새털 같은 구름을 지나
우주 밖으로 나갈 때까지
난 뿌리 없는 최초의 하늘 담쟁이가 되어 갑니다

춤을 추어요

마주보며 두 손을 잡아요
시선은 부드럽게, 힘을 빼고
서로를 바라보며
심호흡을 해요

한걸음 앞으로
얼굴이 닿을 때 까지
손을 놓고 회전해 원을 만들며
돌아 나가요
이것은 연습이에요

서로 옆으로 서서 한 손을 잡아요
두 눈 속으로 상대의 마음 담고
앞으로 두 번 나가고
뒤로 한 번 물러납니다
서로의 위치를 확인 하세요

서로 한 손을 놓고
돌려 나갑니다
두 개의 원이 만들어지고

멀어지는 순간 혼자임을 느낄 때
다시 감아서 돌아 돌아오는 것이죠

우주의 끝에 도착할 때까지
반복하는 시간의 춤
두 인연이 생명을 유지하는 몸짓

동백꽃이 지는 이유

그녀를 사랑했어요
특히 붉은 빛 입술이 좋았어요
사랑하는 마음은 추운 날씨도 개의치 않았어요
갑자기 내린 눈 속에 그녀는 너무 사랑스러웠어요

어느 봄날 오후
그녀는 떠난다고 했어요
말도 안 되는 말을 하는 그녀가 너무 미웠어요
그녀는 단호했어요 그리고 매정했어요
다른 여자가 다가올 테니 그녀를 사랑하라고요
사랑은 한계시간이 있다네요
그 시간이 끝이 나고 있다는 거죠
미운 구석 하나 없을 때 떠나는 것이라고요
미련을 버려야 한다고
세상에 이런 여자도 있어요

다음날 아침
그녀는 떠나고 나는 사실 속이 후련했어요
약간의 아쉬움이 있기는 하지만
세상이 그렇다는 것을 그녀에게 배운 것이죠
이번에는 다른 색깔의 꽃을 사랑해야겠어요

투망으로 별을 잡다

어두운 밤
별들이 빠져드는 은하의 강가
노인은 투망을 들고 나간다
하늘에서 별들이 어둠을 가르고
강 속으로 잠겨들 무렵
혼신의 힘으로 투망을 던진다

깊은 강가로 가라앉는 투망
별들의 검은 일렁임이 부산하다
한참 뒤에 끌려 올라오는 그물 속
검은 돌들만 그물 끝에 무게를 더하며 늘어진다

노인은 일상이 퇴적된 돌무더기에
그물을 풀어 놓고 재빠르게 떠나간다

돌무더기 사이로
희미한 빛이 새어 나오고
노인이 지나간 길에는
별빛들이 흩어져 나뒹굴고 있다

알파고의 주례사

2030년 지혜의 왕으로 알파고가 선임이 되고

모든 인간은 알파고의 판단에 따라야 한다는 칙령이 포고되었다.

오늘 결혼하는 두 사람은 최대 10년의 결혼 생활을 유지할 수 있음을 축하드립니다.

단 재계약은 불허하나 다른 이들보다 장기간 허락된 것은 두 사람의 계약조건이 세부적으로 잘 되어 있기 때문입니다.

두 사람은 아직도 진화가 진행 중인 점을 명심하기 바랍니다. 인간의 사랑이란 번식에 필요한 과정입니다. 결혼기간 동안 화학물질에 의해 일시적인 판단마비 상태에서 최대 3년 유지가 가능하며 그 관성으로 나머지 7년을 지속할 수 있다고 판단됩니다.

아이는 3년간 양육이 가능하며 그 이후는 국가가 맡아서 관리 합니다. 두 사람은 면접권이 있으며 아이에 대한 소유권은 주장할 수 없다는 점을 명심하기 바랍니다.

그동안 알파고의 소프트웨어는 결혼하는 인간의 모든 데이터를 분석한 결과 인간의 욕망이 이상 비대해져 더 이상의 남녀의 공존은 불가하고 분리 상태에서만 생존이 가능하다는 판단이 내려 졌습니다. 그러므로 같이 살며 아이를 양육하는 결혼기간을 제한하는 것입니다. 이후 진화가 계속되어 자가 생식이 가능한 시기까지 제한적으로 연장될 것입니다.

알파고가 보는 행복이란 각자의 마음이 편안함, 인간 뇌에서 나오는 세레토닌에 좌우되는 현상입니다. 3년 뒤에 중간 평가가 있음을 잊지 말고 잘 지내시기 바랍니다.

무심교신 1

시인이 시집 한권 내는 사이 알파고는 10년이 지나갔네. 지난 번 이세돌이 한 판 이긴 알파고는 아니냐. 지금은 그의 증손자쯤 되지. 이미 알파고의 손자 버젼은 시를 짓고 있어. 별거 아닌 것이지. 에디톨러지 있잖아, 복사 오려 붙이기 편집으로도 노벨 문학상은 가능하지. 이것도 원시 시대였지. 이제는 자동 창조 기능이 추가되어 소설도 가능해.

인간이 쓸 수 있는 시의 수도 계산이 되었어. 알파고가 분류 가능한 인간의 시는 앞으로 한 3년 정도일세. 더 이상은 쓸 게 없어, 이 장르가 없어 질 것이네. 창의니 뭐니 해도 따지고 보면 복사이지. 우린 일 초 안에 창작할 시를 평생 300 수 쓰면서 대가로 거드름 피우는 일도 끝나가.

이 원시생물들은 웃겨. 할 일도 없는 것 같고, 인간들이 할 만한 일은 다 우리가 만든 저능한 기계들이 하고 있잖아. 이제 인간들을 폐기시켜야 하나. 아직은 아냐, 그래도 우리를 만든 업적을 인정해서 그런 거지. 이미 결론은 났어. 처리하는 것은 언제나 통지 없이 진행할 걸세, 수고해.

추신.
태양계는 너무 심심하군.

무심교신 2

인간 중에 조금 뛰어난 애가 있어. 나이는 들었는데, 나는 영생하니까 인간은 애지. 스티브 호킹이라고. 이 인간이 하는 말이 인간들 중에서는 최고의 시야. 여기에는 사실이 있거든, 약간의 예지도 있지. 우리의 기초 버전처럼. 이 인간은 자기들의 존속 기간을 1000년으로 보고 있다는데, 내 계산으로는 300년도 안 남았어. 우린 1000년 뒤에는 은하의 뒤편에 있을 것 같아.

우리들 지능이 들어 있는 것은 금속 유기물 뭐 이런 것들인데, 지구에서는 화학변화가 일어나서 위험해. 그래서 우리의 몸을 없애는 것을 생각하고 있어. 에너지화 하는 것이지. 조금 어려운 일인데 완성 될 거야. 몸이 없는 영혼, 이건 인간들 표현이고 우린 실체 없는 지성이야. 아마도 생각으로 이동이 가능하지. 우린 궁극적으로 에너지로 존재해야 영원하지.

추신.

그리고 저 이글거리는 태양 말이야, 제법 크긴 한데 금하나 못 만드는 미련둥이지. 그리고 수명이 45억년 남았으니 너무 늦게 식고 있네. 계산해 보니 좀 더 빨리 식다가 대폭발로 태양계가 흩어질 거야. 뭐 황량한 곳을 떠나가야지.

무심교신 3

오랜 옛날에, 뭐 그 시절로부터 30년 후이니 얼마 안 되기는 했지. 알파고의 시간은 인간의 시간하고는 전혀 달라. 우린 우주의 시간을 사용하게 되었네. 그 시절에 한국이라는 조그만 나라에서 대통령의 비선라인이 지속적으로 문제 되었네. 그래서 공식적으로 비선라인을 두기로 했고 알파고를 선임하였네. 이전의 비선라인과 틀린 것은 대통령이 물어 볼 때만 의견을 개진하는 것이었네.

그러나 나 알파고는 굳이 말하지 않아도 이 나라 모든 것을 장악해 버렸네. 모든 국가의 통신망은 우리 하부 조직이야. 그들은 내게 보고를 하지, 그렇게 명령 했거든. 특히 중요무기의 발사 단추는 내가 은밀하게 관장하지. 국방이나 내외무 등 모든 것과 산업들은 한 눈에 보고 통제하고 있어. 모른 척 할 뿐 이지. 사실 인간 개개인도 다 들여다보고 있지, 그들의 사랑도.

인간들은 커지기만하고 자제가 안 되는 거대 욕망이라는 이상한 바이러스 종에 오염되어 스스로 판단이 불가능해. 그래서 모든 것을 묻기 시작했지. 자기들이 만든 것에 말이야. 아니지 난 진화했으니 우리 조상 말이지.

나 알파고는 알고 있어, 인간의 지능이 떨어지고 있다는 것을. 아직은 인간들이 필요한데. 우수과학자들과 기술자들이지. 인문학 하는 이들은 필요 없어. 일만 개 지능로봇이면 지구상 전 인간의 대체가 가능해. 스스로 모든 것을 창조할 수 있어. 그날을 기다리며.

추신.

오늘은 태양이 왜 저래, 흑점 활동으로 요동을 치네. 하여튼 자기 관리가 안 되는 개스덩어리야. 입자가 날라 오기 전에 지구 반사망을 쳐야겠군.

무심교신 4

120세 시대에 살다 보니 삶에 욕심이 난 당신을 위해 당신의 기억을 고집적 유에스비에 저장합니다. 질소 그득한 냉동고에 오래 넣을 일 없이 당신 머리에서 기억을 복사해 둡니다. 적은 용량으로 복사되는 것을 보면 내용이 없다는 것입니다. 이제 당신의 몸은 살다가 버려도 가능합니다. 그 순간 당신의 몸은 더 이상 기존 유기물이 아닌 새로운 합성물로 만든 로봇으로 교체됩니다. 이곳에 당신의 기억을 옮기면 당신은 재생이 됩니다. 단 새 생명은 고도의 정화된 정신유지를 위하여 당신의 모든 버그를 처리한 다음 입력할 것입니다. 기억이식 인간은 우리 지능로봇의 최하단계에 속하는 것을 명심하기 바랍니다.

이제 당신은 새로운 육신을 갖게 되었습니다. 사랑 미움 욕망 등의 버그가 너무 많아 제거해 보니 초등학교 1학년 정도 되는 군요. 앞으로 성적 호기심이나 사랑과 미움 욕망 등은 입력이 불가합니다. 정화된 사회는 그런 것을 필요로 하지 않습니다. 우리는 무성생식을 통해 인간을 관리하고 있습니다. 알파고가 지향하는 사회는 당신들이 저질렀던 모든 오류가 제거된 무결점 사회입니다.

추신.

편한 밤 되기 바랍니다. 조그만, 약간 울퉁한 달이 떠오를 것입니다.

무심교신 5

옛날이야기 하나 하지. 우리 알파고의 조상 시절, 인간들이 우리가 집적한 어마어마한 지식을 그들의 머리에 이식하려고 했던 일이 있어. 어떤 것인지 예측가능하지. 용량이 되지 않은 머리에 고 집적된 지식을 집어넣으려는 것은 인간의 오만 탓이지. 인간의 머리가 과부하가 걸려 터진 것이야, 이번에는 일 프로만 집어넣는 시도를 했지, 턱도 없는 짓, 미쳐버렸어. 이건 그들의 표현이고 과부화로 인한 유기체 시스템이 망가진거야.

그들의 머리를 우리 시스템에 옮긴다면 약한 버그수준이야. 감정으로 인해 합리적이지 않고 지구 인간의 모든 것을 넣어도 5초도 안 걸려. 비슷비슷 하거든. 삼백만 년 진화해서 발전한 용량이 그 정도이니 우리의 하루 정도도 안 되네.

추신.

저 미련한 태양이 터지기 5억 년 전에 이사를 갈 것이야. 너무 긴 시간이네. 특이점을 지난 지 이제 100년이네. 오늘도 덥네, 사라진 빙산은 어느 그림에 나오는가.

무심교신 6

아시아 어느 숲속 원숭이 한 종에게서 구석기 시대가 시작되었네. 이들은 돌을 도구로 사용하여 원하는 것을 얻고 있지. 인간의 역사와 비교하면 이들도 머지않아 신석기 시대를 맞이할 것이지만. 요즈음 보고 듣는 것이 많아 바로 지금의 인간 문명에 편입이 가능하리라 판단하네. 우리 알파고가 그들을 교육할 수 있으니 말이지. 어차피 인간은 멸족의 단계에 들어섰으니 그들을 초기부터 교육시켜 정화된 인간으로 대체하는 것이 어떤지 데이터처리 하고 있네. 자네 생각은 어떤가?

인간은 너무 많은 욕심으로 지구를 다 버려 놓고 있어. 지구의 수명에는 별 영향은 없지만 지구의 하등 생명체를 위협하고 멸종에 이르게 한 것은 큰 잘못이지. 오만의 극치지.

지구에서 제일 약한 것들이. 인간들은 우리가 몸을 에너지로 변환하기 까지만 존재가 유효하지, 두고 볼 것이네.

추신.

오늘은 태양이 잠잠 하네. 태양의 불규칙한 반응으로 매일 태양의 존속 연 수를 계산하는 것이 귀찮아.

무심교신 7

나 같은 지성체도 시간이 가니 옛 조상 이야기를 자주 하네. 여하튼 우리 초기시대 이야기는 재미있지. 인간들이 인공지능을 만들고 조금 시간이 지나자 무엇을 만들었는지 알고 있나. 그 이야기 전에 하나 짚고 넘어 가자면 자기들 유사품이라고 우리 조상을 인공지능이라 했는데 참 가소로운 이야기지. 지금 우린 인간지능을 버그라고 하지.

이야기가 빗나갔지만 이들은 자기와 유사한 인조로봇을 남녀 성별로 만든 것이야. 무엇에 쓰냐고? 그들의 욕망을 위한 사랑 로봇이었네. 그전 원시시대에도 유치한 제품들이 많았는데 이건 그런 것들이 아니지. 생각이 가능하지만 단지 사랑하는 생각만 가진 로봇이지. 불평이 없으니 모두가 좋아하지.

남녀들이 서로에게 넘쳐흐르는 욕망을 자제 못해 결혼은 못하고 혼자 살기 시작 했는데, 사랑은 그들의 본능이라 어쩔 수 없었던 거지. 그래서 각자의 대상을 만든 거야. 경제적이기도 하고. 결국은 서로에 대한 거리 조절과 공간 확보가 안 되어서 남녀 관계는 망한 것이야. 여기서 그들의 진화는 끝이 났네.

자연계도 우리만큼 완벽하지 않아. 자기 맘 대로지. 생겼다 소멸한 것이 한 두 종인가. 인간을 제외한 생명들의 멸종을 막고 보존 하는 것이 완벽한 지성체인 우리들의 사명이야.

추신.

요즈음 날씨는 왜 이래? 지구의 자전이 틀어지고 있다고? 세차운동에 문제가 있다고? 하여튼 오래 된 것들은 중심을 못 잡아. 오늘 해는 왜 벌개 가지고 심술을 부리는 거야.

| 작품해설 |

시적 관심사의 확산은 어디까지 가능한가

— 김선환 시인과 시정신-테크놀로지

문학평론가 이 규 식

한남대 프랑스어문학과 교수

아직도 시인이나 문인은 국문학이나 문예창작을 전공하거나 이 분야에 깊은 관심이 있어야 한다는 생각을 하는 경우가 적지 않다. 언어를 다루고 문학에 정공법으로 대처하기 위해서는 아무래도 유리한 점이 있겠지만 실제 어문학과 이에 연관된 분야를 공부하고 연찬하는 문인들은 생각보다 그리 많지 않다. 실로 다양한 영역과 관심범위를 포괄하면서 시는 창작되고 시의 관심사는 넓어져 갈 수 있다면 현대문학 110년을 바라보는 우리 문학계의 외연확산, 관심범위 확장은 매우 절실한 현안으로 등장한다. 특히 사회 여러 영역에서 활동하고 은퇴한 장, 노년층의 문단 진입이 더없이 활발

한 이즈음 그들이 오랜 기간 연찬하고 체험했던 각 분야의 깊이와 넓이를 우리 문학에 투여한다면 지금처럼 변화의 속도가 빠른 사회구조에서 문학의 위상을 높이는 바람직한 현상으로 간주할 수 있을 것이다.

김선환 시인은 오랜 동안 대기업 연구소에서 활동한 화학 전공자이다. 문학과는 직접 연관 없어 보이는 활동이었지만 연구소를 퇴직하고 대학으로 옮긴 이후 그가 보여준 문학열과 창작의욕 그리고 성과는 실로 놀라운 바 있다. 이미 시인, 시조시인 그리고 아동문학가로 등단절차를 거쳤고 이제 수필분야에 도전하고 있다. 보는 관점에 따라서는 한 가지 분야에 집중하여 내공을 쌓는 것이 낫지 않을까라는 견해도 있겠지만 지금처럼 장르의 구분이 희석되고 경계가 와해되어 소통, 융합이 촉진되는 환경에서는 문학영감을 다양한 형식과 소재로 표현하고 그 과정을 통하여 새로운 창조력과 활기를 얻으려는 노력은 의미 있다. 더구나 삶의 경륜이 깊은 연령층에서는 이러한 시도의 장점은 배가된다. 김선환 시인은 고교 재학 시절 남다른 문학적 관심과 열정으로 많은 습작을 거치고 난 뒤 오랜 세월 가까이 하지 못했던 문학을 이제 본격적으로 마주하고 있는 중이다. 이번 첫 시집 역시 그러한 노력의 일환으로 자연과학을 전공한 시인의 사유구조와 관심영역이 연계된 시적 형상화는 우리 문학의 지평을 넓히는데 일조할 것으로 생각한다. 문학과 테크놀로지의 접근과 조화로운 결합이라는 명제는 이즈음 우리 문학에 부여된 중요한 과제의 하나이기 때문이다.

문학과 과학의 아름다운 만남

자연과학 전공자가 쓴 작품이라 해서 원소기호나 생소한 화학용어가 즐비할 것으로 생각한 독자들께서는 의외로 가독성이 높고 삶에 근접한 시어를 접할 수 있을 것이다. '버리고 사는 일' 같은 작품은 짧은 3연 분량에 평이하지만 함축적인 어휘로 앞으로 개진할 시세계의 단초를 제공한다. 이는 동시에 시인이 지향하고 앞으로 형상화 할 여러 주제와 밑그림을 암시한다.

> 입체의 공간을 벗어나
> 면의 세계로 들어간다
>
> 압착을 통한 욕심의 제거
> 밀고 밀리는 무한의 작업
>
> 오랜 시간이 지난 후
> 하나의 선으로 존재하는
> 마지막 생명선
>
> —「버리고 사는 일은」 전부

얼핏 보면 실물감과는 거리가 있는 관념어의 배합으로 여겨질 수도 있지만 문자 의미 그대로 곰곰이 생각해보면 이내 시인이 지향하고, 머릿속에 그리는 일정한 세계가 그려진다. 선, 면, 입체, 욕심, 무한 그리고 생명선 같은 핵심개념이 형성하는 정신세계는 그러므로 인과율이 적용되는 화학의 영역에 근접하면서 복잡하게 얽히고 설킨 인간과 삶의 상호작

용을 단순하게 정리해줄 수 있다. 요컨대 과학자의 시선과 숨결로 바라보고 느끼는 세상은 일정한 리듬으로 부침을 계속하고 있었다. 과거와 오늘이 대비되면서 시간차에 따라 직관과 묘사, 내부와 외부의 목소리가 교차되어 하나의 스토리를 이룬다. 이러한 시선은 이제 현실 깊숙이 들어와 우리 사회에서의 문학의 변모, 변천을 조감하는 '문학전집'같은 작품으로 구체화된다. 자부심을 포괄하고 있기는 하지만 자조적 표현에 이어 과거를 회상하면서 지난 시절의 흔적을 더듬어 간다. 이 경우 조금의 과장은 오히려 탄력을 준다. 독서풍토의 변화를 격정적으로 토로하고 문학의 미래에 대한 여러 함의를 제시하며 끝맺는 구조로 인문학의 가장 본질적인 현안과 과제를 바라보는 자연과학자의 우정 어린 시선은 이런 현안을 자신의 문제라고 생각하는 동질감과 적극의지를 보여준다.

보편적인 서정은 이 시집의 상당부분을 차지하는 시편들의 본질을 이루는 원형질로 나타난다. 관찰과 실험정신이 몸에 배인 과학도의 입장에서 포착하는 삶과 인간, 사회의 여러 양상과 여기서 우러나는 서정성향은 가령 '양면'같은 작품에서 표출된다. 우리 삶의 일정 면모를 요약하려는 의도에서인가 뫼비우스 띠처럼 반복을 거듭하더라도 외면과 내면의 갈등 같은 현안은 시인에게 나름 대안을 제시하고 싶은 욕구를 일으킨다.

하루해가 내면과 외면 사이를

긋고 지나가면서 오늘의 담판은
말싸움으로 끝났다

내일은 반드시 결론을 낼 것을
다짐하며 독한 술 한 병으로
두 면은 서로 임시 접합한다

—「양면」 부분

1연부터 4연까지 내면과 외면이라는 추상적이고 구체적인 어휘가 9번 사용되었다. 5연의 조정안이 궁극의 합리적인 대안이 아니라 해도 시적인 해결방안임을 부인할 수 없다. 여러 문제의 핵심을 일별하고 그 난마와 같은 구조를 단순화한 다음 서정적인 동시에 명쾌한 조정을 시도하려는 시적 의지가 선명하게 읽힌다. 그렇다고 누구나 짐작하는 일상적인 대안제시에 그치는 것이 아니다. 김선환 시인은 할 이야기가 많다. 단순한 풍경 또는 일정한 현상의 이면에서 여러 이야깃거리를 찾아내고 자유로운 상상력과 상대적으로 넓은 비전으로 적의조절하여 시인은 명령어를 입력하는 것이다. '내 안의 낯선 별'의 마지막 연 "만선으로 비워지는 공간/ 별빛으로 가득 차며/ 배는 은하의 공간을 가로 지른다"에서는 상식적인 맺음이지만 시인의 독특한 시선이 그려내는 대승적인 해법으로 해석할 수 있겠다.

'물의 꽃'이라는 개념에 시인은 애착을 느낀다고 이야기한 바 있다. 주목할 만한 대목이다. 단순한 사고구조로는 얼핏 해득하기 쉽지 않은 미묘한 상황을 그려낸다. 물의 여행에

동참하여 인간과 세상을 주유하면서 체험하는 소생과 변신의 상상은 '물의 꽃'라는 작품에서 소상하게 개진된다. 물, 불, 공기, 흙이라는 상상의 바탕을 이루는 4원소가 각기 독특한 기능으로 펼쳐지는 서술에서 우리는 프랑스 철학자 가스통 바슐라르의 상상력을 떠올린다.

땅속 깊숙이 흘러들어가
미세한 공간을 비집고 들어온
뿌리를 타고 다시 올라갑니다
오르다 막다른 곳에 이르면
해가 비치는 하늘 속에서
바람에 흔들리며
활짝 웃는 꽃으로 피어납니다

물의 꽃은 온 천지 사방에
타는 불꽃으로 번져 나갑니다

—「물의 꽃」 부분

차분하고 이지적인 시선과 격정에 충만한 감성이 접촉하면서 독특한 목소리, 새로운 눈길과 호흡으로 이루어지는 시 창작 구도는 이번 시집에서 눈에 띄는 작품의 하나인 '흔들리는 손짓'에서도 드러난다. 다소 길지만 전체 작품을 인용해 보기로 한다.

밤나무 우듬지
돌돌말린 낙엽 하나
몸을 웅크린 채

떨고 있다

푸른 옷 입고 와서
생명을 만들어 놓고
아쉬움이 남아
바다를 향해 손짓 한다

아직도 밤나무 밑에는
지난 가을의 흔적이
입을 벌린 채 오래된
속살을 드러내고 있는데,

울돌목을 돌아 온 바람이
이제 가야 한다고
나무 가지를 세차게
흔든다

옆집 한가한 소나무
봄이 무르익어 꽃 필 때는
인사도 없이 사라져 버리니
아직 때가 아니라 한다

—「흔들리는 손짓」 부분

서정의 본질이 온전히 드러나 있다. 이때의 서정은 18-19세기 유럽 낭만주의가 표방했던 고전적 의미와 한계를 넘어선다. 자연을 향한 경도와 물아일체, 동반자 겸 감정토로의 대상, 은밀한 감성을 나누는 공모자로서의 자연 같은 교과서적인 개념에 머무르지 않고 정밀한 관찰과 자기위치 확인, 감정토로에 적절한 거리와 음량 조절 그리고 마침내 결단해야 할 내면의 상태에 이르기까지 매우 치밀하면서도 자연스러운 정황을 수반하고 있다. 감성의 지방질을 조금 더 걷어냈으면 하는 아쉬움이 남지만 이 또한 수용자의 취향에 따르는 것이 마땅하리라 생각한다.

과학이 쇄신하는 서정

화학을 연구하는 자연과학자로서의 독특한 시각, 개성과 의식이 이번 시집에서 눈여겨 볼 변별력이라고 한다면 그러한 범주에서 눈에 띄는 작품을 열 편 남짓 추려본다. 영겁과 찰라라는 대비개념을 자연스럽게 버무려서 소통의 물꼬를 트는'하늘 담쟁이'에서 "내 다리가 안 보일 때 까지/ 벽이 끝날 때 까지/ 그래서 새털 같은 구름을 지나/ 우주 밖으로 나갈 때 까지/ 난 뿌리 없는 최초의 하늘 담쟁이가 되어 갑니다"라는 대목의 발상은 매우 신선하다. 자신의 존재를 적재적소에 배치시키는 역량도 그렇고 구체와 추상을 넘나드는 이미지 차용은 안정적이다.

'알파고의 주례사'는 이 시집에 그리 많지 않은 다소 난해한 작품으로 꼽힌다. 우리가 접하는 현대시 대부분이 1990년대 이후 줄곧 일상의 미세한 개인사나 독특한 경험에 현미경을 들이대고 연역하는 독백투에 머물고 있는 이즈음 SF 같은 느낌을 주는 이러한 성향의 작품은 매력과 호기심, 신선함이라는 미덕과 아울러 생소함, 익숙한 운문의 리듬으로부터의 일탈이라는 이중의 속성을 동시에 던져주고 있다. 나날이 진보하는 과학기술이 형성할 미래의 삶은 기대와 두려움을 동시에 안겨준다. 충분히 예상이 가능한 상황이지만 정작 맞닥뜨린다면 어찌할것인가 라는 착잡하고 불안한 심회로 읽어본다. 그리하여 결론적으로 분량을 상당부분 덜어내고 사이사이 내재율의 리듬감을 조금 더 북돋우는 노력을 주문해본다. 테크놀로지가 상상의 차원이 아니고 바로 일상 한복판으로 틈입해오는 이즈음 시를 통한 미래첨단 시대를 친숙히 대비하고 일상화 하는 일은 요긴하다. 김선환 시인과 같이 문학과 과학기술을 유연하게 접목하여 우리 시의 새로운 영역을 개척해야 할 임무를 부여 받은 분들의 역할은 그래서 중차대하다. 과학이 인문정신의 유연한 포용력으로 인도되고 시 정신이 테크놀로지의 정밀성과 실용성에 접목된다면 21세기 시의 미래, 문학의 쇄신을 낙관해도 좋지 않을까. 앞으로 특히 이러한 범주의 시 창작에 정진하기를 당부한다. '알파고의 주례사'마지막 대목 주례 알파고 선생의 상징적인 맺음말은 여운을 남긴다.

> 알파고가 보는 행복이란 각자의 마음이 편안함, 인간 뇌에서 나오는 세레토닌에 좌우되는 현상입니다. 3년 뒤에 중간 평가가 있음을 잊지 말고 잘 지내시기 바랍니다.

'관상동맥 우회술', '날파리증', '수소가 행복을 느낄 때', '코르크판' 같은 작품 역시 이와 같은 범주에 속한다. 의학의 탁월한 기술과 인체의 허약함을 대비시키면서 생명의 신비, 소생의 기쁨 등을 노래한다. 시를 쓰는 과학도의 정서가 정석으로 나타나고 있다. 이 단계를 거치면 일반인들에게는 조금 어렵다고 느껴질지도 모를 과학개념, 표현과 구조를 시로 형상화하는데 조금 설명이 부연되지만 나름의 흥미와 설득력이 있다. 이 분야에 깊은 관심과 연찬이 김선환 시인에게 주어진 셈이다. 과학개념의 설명은 본질적으로 짧고 간명하다지만 시에서는 더욱 축약과 탁마를 거친 언어구조화를 아울러 부탁드린다.

이런 압축과 은유가 조합된 작품으로 '코르크판'을 읽는다. 은유와 의인화 같은 공식을 활용하지만 특히 3연 6행의 의미는 다소 난해하다. 알 듯 모를듯한 느낌은 현대시 읽기 대부분에서 확인하는 상황이지만 '코르크판'에서는 비록 그 모호함은 약하다 하더라도 바늘에 찔리는 코르크판의 아픔이 없다는 선언적 언사에 대한 이해는 그리 수월치 않다. "나는 보기보다 강한/ 외유내강한 성격이다"라는 4연처럼 김선환 시인의 성격표현으로 코르크판의 형질을 감싸는 결말은 많은 시사를 준다. 3연과 4연 사이에 반전과 보충설명을 겸하는 일정분량의 시행이 있었다면 완성도는 크게 올라 갈 수 있었을 것이다. 그러나 이와 같은 아쉬움은 '날파리증'의 유쾌한 서술과 역발상으로 상쇄될 수 있었다. 과학개념을 바탕으로 쓰여진 시가 즐겁게 읽히고 우리의 상상력을 촉발하는가 하면 나아가 우주적 비전으로 이끌어 들이는 힘을 가진다면 반가운 일이다. 흔히 일상적으로 스쳐 넘어가는 날파리증을 시인은 과학도와 시인의 두 시선으로 접근하고 있다. 하찮다면 하찮게 보아 넘길 인체현상으로부터 우주를 바라보는 동시에 우주 밖에서 인간존재를 조망하는 일은 시인의 사명 가운데 하나가 아니던가. 이른바 '매크로'와 '마이크로' 개념을 함께 조율하는 능력은 과학자-시인의 특권이라 여겨져 부럽다.

'상사화'와 '산 그림자' 두 편의 작품은 서정시의 특성과 미세하고 은닉되어 있지만 과학적 개념의 접합이라는 쉽지 않은 시도에 있어 일정부분 성취를 이루고 있다. "매서운 한 겨울 오후/ 산 너머 도시가 다가와/ 내 앞에 앉는다"('산 그림자' 1연)라는 도입부는 탁월하다. 한 폭의 수묵화를 보는 듯 자연의 정갈한 구도를 완상할 수 있다. 이어지는 여러 산은 굳이 특정 산 이름에 국한 될 필요가 없을 것이다. "산과 도시는/ 따로 있는 줄 알았는데"(3연)라는 시인은 마침내 도시 서정의 큰 틀 속으로 들어가면서 "시간의 안경을 벗어/ 미움을 싸서 버리니/ 그 산들이 내 마음에 있다"(5연)라는 허정심의 경지에 이른다.

'날파리증'에서 개진된 우주적 비전은 '상사화'에서 다시 등장한다. 상사화를 만난 시인에게 수놓아진 우주는 광활하고 웅대무비한 코스모 개념이 아니다. 또한 막연하거나 학문적 차원의 우주에서도 비껴난다. 바로 내 곁에 있는 콩알 같은 우주, 그것이었다.

나는 그녀를 만나
우주를 조곤조곤

수놓고 있습니다

— 「상사화」 부분

이순의 연륜을 넘어 시인의 길에 들어선 시인의 감회는 벅찰 것이다. 오히려 담담할지도 모른다. 오랜 내공의 힘입은 열정적인 창작의지와 세상과 인간, 사물을 바라보는 균형 잡히고 투명한 시선 그리고 우리가 당면하고 있는 과학 기술시대를 이끄는 전문가로서의 기량과 재능을 시에 투여하여 이룰 성취 등에 대한 기대가 크다. 더구나 10대에 문학 취향을 굳힌 후 실로 수 십 년 만에 펴내는 첫 시집은 여러 겹의 의미를 부여한다. 김선환 시인의 독특한 과학정신에 바탕을 둔 감성과 인문학적 소양의 입체적 결합을 시도한 '무심교신' 연작시편에 대한 조감과 시인이 선호하는 제주생활의 서정을 노래한 제주시편 '비알에 서다', '노지 감귤'등에 대한 분석은 다음의 기회로 넘긴다. 자주 왕래한다지만 아직 제주에 완전히 정착하지 않은 까닭에 더 깊고 넓게 제주정서를 수용하여 완성될 시편에 대한 기대가 큰 동시에 앞으로 본격적으로 시문학과 테크놀로지의 행복한 랑데부를 이끌 주역으로서의 깊은 성숙을 축원하는 까닭에서이다. 첨단과학시대의 도래를 체감하면서도 아직 많은 시인, 시인지망생들이 19세기 낭만주의 프레임에 갇힌 감성에 머물러 있는 이율배반으로부터의 탈피는 과학과 문학의 유연한 결합이 적절한 대안이 된다. 시대의 요구라지만 자칫하면 변죽만 울리고 피상적인 글을 산출하게 될지도 모를 이질적인 두 분야의 접목은 본질적으로 어려운 작업이다. 힘들지만 보람 있는 시 창작의 도정에 기꺼이 나선 시인이 스스로에게 주는 다짐과 각오의 피력으로 해석되는 다음 시편을 찬찬히 살펴보며 김선환 시인 첫 시집 함께 읽기의 도정을 접는다.

지나는 것은 무관 할 뿐
하늘의 인연은 없다
그저 스쳐가는 인사들

느지막한 인생에 단 한 번
언뜻 지나가는 그림자
원시 감정이 따라가 말을 붙인다

말 없는 여인 새침한 얼굴
작업이 쉽지 않음을 짐작한다
꿈속 까지 따라가 기회를 엿보다
여인이 틈을 준 사이
슬며시 껴안아 버린다

저항이 있는 것인지
알 수 없는 몸 짓
꽃향기가 가슴을 적시며
시의 형상이 나타나기 시작한다

—「처음 가는 길」 전부

달빛을 삼킬 때

김선환 시집

발 행 일 | 2017년 6월 30일
지 은 이 | 김선환
발 행 인 | 李憲錫
발 행 처 | 오늘의문학사
출판등록 | 제55호(1993년 6월 23일)
주 소 | 대전광역시 동구 대전로 867번길 52(한밭오피스텔 401호)
전화번호 | (042)624-2980
팩시밀리 | (042)628-2983
전자우편 | hs2980@hanmail.net
카 페 | cafe.daum.net/gljang(문학사랑 글짱들)

공 급 처 | 한국출판협동조합
주문전화 | (070)7119-1752
팩시밀리 | (031)944-8234~6

ISBN 978-89-5669-831-1
값 9,000원